BEI GRIN MACHT SICH IHR
WISSEN BEZAHLT

- Wir veröffentlichen Ihre Hausarbeit,
  Bachelor- und Masterarbeit

- Ihr eigenes eBook und Buch -
  weltweit in allen wichtigen Shops

- Verdienen Sie an jedem Verkauf

Jetzt bei www.GRIN.com hochladen
und kostenlos publizieren

Bibliografische Information der Deutschen Nationalbibliothek:

Die Deutsche Bibliothek verzeichnet diese Publikation in der Deutschen National-
bibliografie; detaillierte bibliografische Daten sind im Internet über http://dnb.d-
nb.de/ abrufbar.

Dieses Werk sowie alle darin enthaltenen einzelnen Beiträge und Abbildungen
sind urheberrechtlich geschützt. Jede Verwertung, die nicht ausdrücklich vom
Urheberrechtsschutz zugelassen ist, bedarf der vorherigen Zustimmung des Verla-
ges. Das gilt insbesondere für Vervielfältigungen, Bearbeitungen, Übersetzungen,
Mikroverfilmungen, Auswertungen durch Datenbanken und für die Einspeicherung
und Verarbeitung in elektronische Systeme. Alle Rechte, auch die des auszugsweisen
Nachdrucks, der fotomechanischen Wiedergabe (einschließlich Mikrokopie) sowie
der Auswertung durch Datenbanken oder ähnliche Einrichtungen, vorbehalten.

Impressum:

Copyright © 2012 GRIN Verlag, Open Publishing GmbH
Druck und Bindung: Books on Demand GmbH, Norderstedt Germany
ISBN: 978-3-668-01868-6

Dieses Buch bei GRIN:

http://www.grin.com/de/e-book/303150/theatertherapie-im-massregelvollzug-the-
rapeutische-funktionen-und-wirkungsweise

Julia Exner

Theatertherapie im Maßregelvollzug. Therapeutische Funktionen und Wirkungsweise des Theaters

GRIN Verlag

GRIN - Your knowledge has value

Der GRIN Verlag publiziert seit 1998 wissenschaftliche Arbeiten von Studenten, Hochschullehrern und anderen Akademikern als eBook und gedrucktes Buch. Die Verlagswebsite www.grin.com ist die ideale Plattform zur Veröffentlichung von Hausarbeiten, Abschlussarbeiten, wissenschaftlichen Aufsätzen, Dissertationen und Fachbüchern.

Besuchen Sie uns im Internet:

http://www.grin.com/

http://www.facebook.com/grincom

http://www.twitter.com/grin_com

Gymnasium Bremervörde

Facharbeit im Seminarfach „Alles Theater!"

„Der Mensch ist nur da ganz Mensch, wo er spielt."

Theater als Therapie

Verfasserin: Julia Exner
Abgabetermin: 22.03.2012
Ort und Datum: Bremervörde, den 21.03.2012

Inhaltsverzeichnis

1. EINLEITUNG 3

2. DEFINITION VON DRAMA- UND THEATERTHERAPIE 4

3. THEATERTHERAPIE 5

    3.1 GESCHICHTE DER THEATERTHERAPIE 5

        3.1.1 Wurzeln in der Geschichte 5

        3.1.2 Entwicklung zur Therapie in Westdeutschland 7

    3.2 THEATER ALS THERAPIE 9

        3.2.1 Therapeutische Funktionen und Wirkungsweise der Theatertherapie .. 9

        3.2.2 Ein Beispiel: Theatertherapie im Maßregelvollzug 12

4. SCHLUSSWORT 14

5. LITERATURVERZEICHNIS 17

    LITERATURQUELLEN 17

    INTERNETQUELLEN 18

1. Einleitung

„Is it only art or is it really me?"[1]

Ein Satz aus dem Munde der experimentierfreudigen Musikerin Laurie Anderson – ein Satz, bei dem dem Leser viele verschiedene Gedanken im Kopf herumschwirren. Ein Gedanke wäre vielleicht, ob uns das Theater dazu bringt, Dinge zu tun, die wir ohne die Erfahrung des Schauspielens oder ohne die Erfahrung anderer Künste nicht tun würden, ob das Theater uns entwickelt. Ein anderer Gedanke: Blühen wir erst während des Theaterspielens vollkommen auf? Zeigen wir erst dort unser wirkliches Ich?

Eins steht jedenfalls fest: Kunst, das Theater, verändert uns Menschen. Es beeinflusst uns, es entwickelt uns.

Theater hat viele Facetten – Einige denken in Bezug auf Theater vielleicht an ein langweiliges, uninteressantes Rollenspiel mit wenig Handlung und mit schlechter Schauspielbesetzung. Andere denken an Shakespeare oder an Spannung und ganz verschiedene Theaterformen, wie zum Beispiel das Puppentheater oder das Tanztheater. Nur den Wenigsten kommt beim Gedanken an das Theater die Theatertherapie in den Sinn.

Theatertherapie? Diese ist eine noch heranwachsende Art der Therapie, welche in Großbritannien, den USA und den Niederlanden bereits seit einigen Jahren ein geschätztes Verfahren ist und dort sogar in das staatliche Gesundheitswesen aufgenommen wurde. Die Theatertherapie in Deutschland ist allerdings längst nicht so weit entwickelt und anerkannt wie in den genannten Ländern. Im Zusammenhang mit dem Begriff ‚Theatertherapie' stößt man sehr oft auf die Namen von Sue Jennings und Robert Landy[2]. Die Engländerin und der Amerikaner sind bekannte Drama- und Theatertherapeuten und geben in ihrem Fach regelmäßig Seminare zu Fortbildungszwecken.

Aber Theater allein kann doch auch schon die Persönlichkeit entwickeln – warum sollte man das Theater zu einer Therapie weiterentwickeln? Und in welcher Hinsicht kann Theater dann eine therapeutische Funktion auf den Menschen haben?

---

[1] Anderson, zitiert nach Neumann, 2008, S. 227

[2] vgl. Institut für Theatertherapie, *Was ist Theatertherapie*, http://www.theatertherapie.org/201„Was_ist_Theatertherapie [Stand: 15.03.2012]

Für die Klärung dieser beiden Fragen müssen zu Beginn folgende Fragen geklärt werden: Wie konnte sich eine Therapie aus dem Theater entwickeln? Gab es schon immer Anzeichen, die diese Verbindung von Therapie und Theater vorhersagten?

Zunächst möchte ich den Unterschied von Drama- und Theatertherapie verdeutlichen, da diese beiden Therapieformen oft gemeinsam verwendet werden, sich aber in einem wesentlichen Punkt unterscheiden.

Den nächsten zu klärenden Aspekt stellen die Ansätze der heilenden Wirkung des Theaters und die Entwicklung der Theatertherapie dar. Dies werde ich in zwei Unterpunkte unterteilen: Ansätze in der frühen Geschichte und die Entwicklung in Westdeutschland.

Darauf folgt die Klärung der Hauptfragen. Das Wissen hierzu ergab sich mir durch das Lesen verschiedener Projekte im Bereich der Theatertherapie . Des Weiteren stelle ich hier dar, welche Vorteile die Theatertherapie gegenüber einer herkömmlichen Therapie mit einem Psychiater hat.

Exemplarisch werde ich auf die Theatertherapie im Maßregelvollzug zurückgreifen, in dem die Therapie unter ganz anderen Gegebenheiten stattfindet als in der „freien Welt". Ich habe mich auf die Theatertherapie im Maßregelvollzug bezogen, da dieses Beispiel die besonderen Fähigkeiten der Theatertherapie gegenüber einer herkömmlichen Therapie zeigt.

2. Definition von Drama- und Theatertherapie

Im Zusammenhang mit der Theatertherapie wird oft auch von Dramatherapie gesprochen. In Großbritannien und in den USA wird der Begriff „*Dramatherapy*" verwendet, welcher eigentlich irreführend ist, da sich der Ablauf Therapie nicht immer auf die Behandlung von dramatischer Literatur stützt[1].

Drama- und Theatertherapie haben einige gemeinsame Punkte, müssen aber auch unterschieden werden.

Beide Therapiearten sind noch relativ unbewanderte Formen der Kunsttherapie.

„Die Drama- und Theatertherapie ist eine handlungsorientierte, künstlerische Therapieform, die eine fruchtbare Verbindung zwischen der ursprünglichen Heilfunktion des Theaters und den Verfahren moderner Psycho- und

---

[1] vgl. Willems, 2008, S. 541

Sozialtherapien[1] herstellt", heißt es auf der Homepage der „Deutschen Gesellschaft für Theatertherapie" über die Gemeinsamkeiten von Drama- und Theatertherapie[2].

Ein gravierender Unterschied der beiden Therapiearten ist jedoch, dass die Dramatherapie eher die prozessorientierte Arbeit anstrebt, und bei der Theatertherapie wird produktorientiert[3] auf die Vorführung eines Theaterstücks hingearbeitet, was als ein Teil der Therapie gezählt wird.

Diese Differenz wird auch deutlich, wenn etwas auf die Details geachtet wird:

Das Wort „Theater" stammt von dem altgriechischen Wort „theatron" ab und bedeutet übersetzt „schauen/betrachten". Drama hingegen, ebenfalls aus dem Griechischen stammend, bedeutet „handeln"[4].

Bei der Dramatherapie geht es also einzig um das Spielen und die Darstellung der Handlung, was letztendlich nicht – wie bei der Theatertherapie – in Form einer Aufführung enden muss[5]. Die Dramatherapie kann im Vergleich zur Theatertherapie für einige PatientInnen daher auch eine entspanntere Variante der Therapie sein, da der Druck zur Erarbeitung einer Aufführung nicht besteht.

3. Theatertherapie

3.1 Geschichte der Theatertherapie

3.1.1 Wurzeln in der Geschichte

Um zu klären, weshalb und wie eine Verbindung von Theater und Therapie möglich wurde, folgen ein paar historische Aspekte über die Wirkung des Theaters auf den Menschen[6].

---

[1] „Unter Psychotherapie versteht man die Behandlung seelischer Probleme mit Hilfe anerkannter psychotherapeutischer Verfahren. Es gibt unterschiedliche Therapieformen. [...] In der Verhaltenstherapie werden ergänzende Verfahren wie etwa Rollenspiele, Verhaltensübungen [und] Vorstellungsübungen [...] eingesetzt. "

Lebensberatung, Psychotests und Ratgeber erfahrener Psychotherapeuten, http://www.palverlag.de/Psychotherapie.html [Stand: 04.03.2012]

[2] Deutsche Gesellschaft für Theatertherapie, http://www.dgft.de/index [Stand: 05.03.2012]

[3] vgl. Lutz, 2008, S. 53.

[4] vgl. Amacker, 2004, S. 11, http://www.dramatherapie.ch/pdf/loesungen-0904ma.pdf [Stand: 15.03.2012]

[5] vgl. ebd. S 11.

[6] In dem folgenden Abschnitt beziehe ich mich auf: Schlage, 2008

Inhaltliches und zeitliches Zusammenkommen, also die Gemeinschaft, war bereits früher Grundlage des Theaters: Bei Höhlenforschungen in Frankreich wurde nachgewiesen, dass dort eine Art Gruppentanz stattfand, welcher als theatraler Vorgang eingeordnet wird.

Auch damals waren die heilenden, entwickelnden Wirkungen des Theaters weit bekannt. Damit Theater noch fördernder wirkte, orientierten sich die Menschen in späterer Zeit vor allem am griechischen Theater, um die Verbesserung der gesellschaftlichen oder persönlichen Kenntnisse, wie der der Kontaktfähigkeit und der Persönlichkeit selber, herbeizuführen.

Die frühgriechische Tragödie beinhaltete „die einmalige Wiederaufnahme eines tragischen Prozesses in höherer Instanz"[1]. Das heißt, dass die Darstellung eines Stücks nie auf die gleiche Weise wiederholt wurde. Dies galt als eine gesellschafts-therapeutische Veranstaltung für die SchauspielerInnen, denn sie mussten sich so für jeden Auftritt neue Gedanken über die dargestellten Situationen machen. Sie mussten verschiedene Emotionen darstellen, differenziert handeln und sich so immer Gedanken darüber machen, welche Folgen diese Handlungen haben und wie die Situation in diesem Augenblick wirkt.

Mitte des 17. Jahrhunderts wurden im venezianischen Volkstheater Alltagssituationen in der Öffentlichkeit, wie Straßen oder Marktplätzen, dargestellt. Hieraus entwickelte sich in Frankreich das dem heutigen Boulevardtheater ähnelnden ‚Vaudeville', bei dem normale Bürger satirisch dargestellt werden. Aus ‚Vaudeville' entwickelte Bertolt Brecht das ‚Epische Theater', welches Gesellschaftskonflikte darstellte. Genau wie die Theatertherapie wird auch im Epischen Theater auf die gesellschaftlichen Bindungen geachtet.

Die uns heute bekannte Umsetzung des heilenden Theaters begann zeitgleich mit dem „Theateroktober"[2] in den 1920er Jahren, in denen eine Revolution und Renaissance des Theaters stattfand.

All diese vielen Theater- und Spielmethoden enthalten gesellschaftliche oder kulturelle Situationen, deren Wirkungen man sich in der Theatertherapie bewusst

---

[1] ebd. S. 21

[2] „Im THEATEROKTOBER Anfang des 20. Jahrhunderts stand das Gemeinschaftsereignis als Basis für ein autonomes, persönliches und politisches Selbstbewusstsein im Mittelpunkt des Interesses von Theatermachern.", Ebd. S. 21

sein muss, da sie den Menschen in mehrerer Hinsicht beeinflussen und entwickeln.

3.1.2 Entwicklung zur Therapie in Westdeutschland

In der BRD sind seit 1970 Verbindungen zwischen Theater und Therapie sichtbar, wobei überwiegend bei Kindern und Jugendlichen die therapeutische Wirkung des Theaters bemerkt wurde[1]. Jedoch wurde diese Verbindung lange Zeit nicht gefördert, weshalb sie in Deutschland keinen Anklang fand.

Später in den siebziger Jahren wurde das soziale Rollenspiel als Training für soziales Handeln erkannt. Es wurde den Deutschen erst zu diesem Zeitpunkt sichtbar, dass den PatientInnen durch Theatertherapie gesellschaftliche Zusammenhänge klarer werden.

Aufgrund des steigenden Interesses am Volks- und Straßentheater in den achtziger Jahren erlangten auch Theaterkünstler und Theaterpädagogen größere Akzeptanz als bisher. Deren Arbeitsraum wurde auch auf Gefängnisse, Obdachlosenheime etc. erweitert, was viele Theaterkünstler und Theaterpädagogen jedoch des Öfteren an die Grenzen ihres Wissens brachte: Die Wissenschaften der Pädagogik und der Kunst reichten bei Problemen wie Persönlichkeitsstörungen oder Alkoholabhängigkeit einfach nicht mehr aus. Daher wussten Pädagogen und Theaterkünstler nicht, mit diesen Problemen ihrer PatientInnen umzugehen.

Aus diesem Grund wurde an der Akademie Remscheid[2] die Fortbildung „Theater als Selbsterfahrung" angeboten, die das Psychodrama[3] einbezog, um ein auf die Problematiken angepasstes Vorgehen in Verbindung mit dem Theaterspiel zu finden. Weitere Fort- oder Weiterbildungen folgten.

---

[1] In dem folgenden Abschnitt beziehe ich mich auf Martens, 2002

[2] „Die Akademie Remscheid für musische Bildung und Medienerziehung e.V. ist das zentrale Institut für kulturelle Jugendbildung der Bundesrepublik Deutschland [...]. Seit 1971 bietet die Akademie Remscheid ausschließlich Fortbildung für Multiplikatoren in der Jugend-, Sozial-, Bildungs- und Kulturarbeit an."
Akademie Remscheid, http://www.akademieremscheid.de/konzept/index.php [Stand: 05.03.2012]

[3] „Das Psychodrama, eine von J. L. Moreno entwickelte Form der Psychotherapie, dient zum Bewusstwerden und Auflösen von Konflikten und der Förderung der Spontaneität."
Grubitzsch, 1988, S. 269

Eine Verbindung von Psychotherapie, Pädagogik und Theaterkunst wurde benötigt, welche in Deutschland allerdings bis Ende der achtziger Jahre nicht vorhanden war.

Allein der Psychodramatiker Hilarion Petzold forschte am heilenden Theater in Verbindung mit dem Psychodrama, später veröffentlichte die Zeitschrift „Kunst & Therapie" vereinzelt Artikel über die Kombination von Theater und Therapie.

Unter diesen Umständen drang das Verfahren von Psychodrama und Theater in die Felder von Pädagogik und Kunst vor. Diese Verbindungen konnten nur vereinzelt in selbstständigen Praxen vorgefunden werden, da sie in klinischen Einrichtungen nicht genügend Anerkennung erhielten.

Durch das Verfahren der Verbindung der verschiedenen Wissenschaften entstand ein Selbsterfahrungsboom, welcher die Bildung von größeren Arbeitskreisen herbeiführte. Jedoch wurde auch hier nicht herausgearbeitet, dass eine Qualifizierung in der Theaterkunst sowie in der Pädagogik nötig war, um den PatientInnen eine effektive Behandlung zu ermöglichen.

In der weiteren Entwicklung gelang es einigen Theaterpädagogen und Theaterkünstlern dennoch, die Verbindung von Theater und Therapie zu angesehen Projekten auszuarbeiten, so z.B. „Blaumeier Atelier"[1].

In den frühen neunziger Jahren haben Theaterpädagogen bzw. Theaterkünstler mit Zusatzausbildungen im Bereich der Therapie Fortbildungen bezüglich der Theatertherapie geleitet, wodurch sich unter anderem an der ‚Kölner Schule für Kunsttherapie', der wohl bekanntesten Ausbildungsschule für Kunsttherapien, eine vierjährige Ausbildung unter Leitung von Prof. Dr. Lilli Neumann formte. Selbst in anderen Städten Deutschlands wurden nun Aus- und Weiterbildungen im Bereich der Theatertherapie angeboten und so wurde auch diese Form der Therapie professionalisiert.

Die 1995 gegründete ‚Deutsche Gesellschaft für Theatertherapie' (DGfT) wurde 1998 als Fachverband anerkannt. Weitere Institute folgten, wobei die DGfT am bekanntesten ist.

Im gleichen Jahr wurde ein neues Psychotherapiegesetz erlassen, welches unter anderem das Psychodrama nicht anerkannte. Die Ausbildungen der

---

[1] „Bis zu 70 [behinderte und nicht behinderte] Menschen kommen einmal pro Woche, um gemeinsam zu malen, Theater zu spielen und Musik zu machen."

Blaumeier Atelier, http://www.blaumeier.de/wir-ueber-uns/hintergrund/idee/ein-hexenkessel-der-kreativitaet.html [Stand: 05.03.2012]

Theatertherapeuten wurden aufgrund unsicherer Berufsperspektiven nicht weiter fortgesetzt.

Bis heute sind nur wenige Forschungen vorhanden, durch welche die nötige Akzeptanz für diese Therapieform beschaffen werden könnte, weshalb Theatertherapie in Deutschland auch heute noch nicht sehr bekannt geworden ist.

Zurzeit werden die Theatertherapien in Deutschland durch Fördergelder und Sponsoren finanziert.

3.2 Theater als Therapie

3.2.1 Therapeutische Funktionen und Wirkungsweise der Theatertherapie

Warum sollten Theater und Therapie verbunden werden?

Die Theatertherapie hat gegenüber der normalen Therapie, einem Gespräch mit einem Therapeuten oder Psychiater, einige Vorteile.

Wenn ein seelisch Kranker eine Therapie mit einem Psychiater besucht, so wird in der Regel nur über die Probleme gesprochen.

Psychiater betrachten seelische Probleme aus der körperlichen Sicht und verschreiben daher Medikamente[1], wie zum Beispiel Antidepressiva. Zu beachten ist aber, dass die Wirkungsweise der Medikamente symptomatisch und nicht heilend ist. Darüber hinaus ist gerade bei Antidepressiva und Psychopharmaka eine Vielzahl von „Nebenwirkungen zu beobachten, wie gastrointestinale Störungen (Magen-Darm), Unruhe, Schlaflosigkeit, Mundtrockenheit oder Gewichtszunahme."[2]

Die PatientInnen sind auf die ihnen verschriebenen Medikamente und somit auf ihren Psychiater angewiesen. Unter der Einnahme der mit vielen Chemikalien versetzten Medikamente wird die Gesundheit wesentlich beeinträchtigt. Sie helfen PatientInnen mit Persönlichkeitsstörungen und Traumata im Alltag nicht auf eine gesunde, natürliche Art weiter, lediglich die Symptome der PatientInnen ändern sich, einige Patienten werden von den verschriebenen Medikamenten sogar abhängig.

---

[1] vgl. Praxis Rieger-Stemmer, http://www.praxis-rieger-stemmer.de/psychiater.php [Stand: 15.03.2012]

[2] Menche, 2007, S. 1354

Natürlich gibt es auch Therapeuten, die sich nur mit ihren PatientInnen unterhalten, ganz ohne Medikamente zu verschreiben. Doch einigen PatientInnen ist es unangenehm, so mit jemandem über ihre Probleme zu sprechen, da nicht alles Therapeuten gleich sind und jeder anders auf den Gegenüber und das von ihm Erzählte reagiert.

In einer herkömmlichen Therapie erlangen die PatientInnen Aufmerksamkeit durch ihren Psychiater. Natürlich kann diese ungeteilte Aufmerksamkeit auch als ein Vorteil angesehen werden, doch ist es im Alltag eher unwahrscheinlich, dass sich jeder nach dem Befinden des Patienten erkundigt und ihm zuhört, wie ein Therapeut es tun würde. Daher muss die Therapie den Patienten nicht unbedingt stärken, vor allem würde durch eine herkömmliche Therapie weder die eigene Persönlichkeit noch die Fähigkeit, Beziehungen in der Gesellschaft aufzubauen, verbessert werden.

Theater hingegen kann nur geschehen, wenn mehrere Menschen zusammen kommen; es passiert als Gemeinschaftsaktion. Durch die Kontakte mit den anderen PatientInnen sowie das Spielen verschiedener Rollen und Gefühle werden das menschliche Miteinander und die Kommunikationsfähigkeit gestärkt[1].

Die Theatertherapie wirkt also nicht, indem der Patient lange Zeit mit einem Therapeuten über eine kurz dargestellte Szene spricht, wie viele fälschlicherweise oft denken[2]. Vielmehr die Darstellung, und somit das Spielen selbst ist die eigentliche Therapie, denn bei der Theatertherapie handelt es sich um eine produktorientierte Arbeit (vgl. 2.), obwohl die Fortschritte im Spiel und die Entwicklung der eigenen Person fast immer nach den Spielproben näher beleuchtet werden[3].

Die heilende Wirkung des Theaters stützt sich daher besonders auf die Benutzung der rechten Gehirnhälfte, welche Kreativität und Emotionen steuert[4]. Somit wird die linke Gehirnhälfte, zuständig für das logische und analytische Denken sowie für das Lesen und Schreiben, entlastet. Dieser Vorgang sorgt für eine Entspannungsphase, in der Entwicklungen und Fortschritte besonders schnell und deutlich hervortreten können.

---

[1] vgl. Lutz, 2008, S. 54

[2] vgl. ebd., S. 57

[3] vgl. Neumann, 2008, S. 227

[4] vgl. Lutz, 2008, S. 53

Doch was soll das Theater eigentlich heilen, wann und wo wird die Theatertherapie angewandt?

Theater wirkt heilend, sofern das Spielen als Gemeinschaftsaktion passiert. Der Kontakt zu anderen Menschen, vor allem auch im Spiel, ermöglicht durch das Ausprobieren von Gefühlen und Handlungen der eigenen Rolle eine verbesserte Anwendung von Emotionen und der Handlungsfähigkeit im Alltag. Das Theater führt den Menschen so zum verbesserten Verständnis der eigenen Person und der Umgebung. PatientInnen lernen, sich mit ihren Gefühlen auseinanderzusetzen und besser mit ihnen umzugehen. Außerdem werden sie dazu gebracht, über Folgen ihrer Handlungen nachzudenken[1].

Beim Theaterspielen können selbst immense Gefühle und Gedanken öffentlich herausgebracht werden. So können eigentliche Grenzüberschreitungen, wie beispielsweise Mord, Inzest und Wahnsinn, ohne weitere Konsequenzen verkörpert werden.

Durch die Darstellung solcher Grenzüberschreitungen können unter anderem auch schmerzhafte Erfahrungen verarbeitet werden. Ein persönliches Problem wird zum Thema modifiziert und kann später in das Sozialleben der PatientInnen aufgenommen werden[2].

Die Theatertherapie soll neben dem sozialen auch den individuellen Aspekt der Patienten und Patientinnen stärken. Darunter kann man verstehen, dass diese unterstützt werden, sich mit ihren Problemen, Blockaden, Ängsten oder Ähnlichem auseinanderzusetzen und dass sie die Gelegenheit haben, durch Rolle und Schauspiel das Zusammenspiel und den Umgang miteinander zu üben und lernen zu können. Dadurch wird die Beziehungs- und Ausdrucksfähigkeit gefördert[3].

Zur Theatertherapie gehört auch die Aufführung, welche noch einmal eine besondere Hürde für die PatientInnen darstellt. Die im eigenen Inneren entdeckten Gefühle werden nicht mehr in einer geschützten, kleineren Gruppe gezeigt, sondern nun der Öffentlichkeit preisgegeben – wobei sich den Patienten oft Zweifel auftun, ob sie diese Gefühle wirklich preisgeben können, ob sie dadurch sie selbst bleiben können und ob sie sich wirklich trauen, sich ihren Gefühlen auf der Bühne vor all den anderen Leuten zu stellen.

---

[1] vgl. Neumann, 2008, S. 227

[2] vgl. Lutz, 2008, S. 53

[3] vgl. Mahdal, S. 190

Hinzu kommt noch Lampenfieber, das wohl jeder Mensch bei einer Aufführung hätte. Ist diese Hürde aber erst einmal geschafft, haben alle PatientInnen eine große Hürde hinter sich gelassen und dadurch Mut und Selbstvertrauen gewonnen.

Nicht nur für Personen mit seelischen Problemen, Persönlichkeits- oder Verhaltensstörungen stellt die Theatertherapie eine geeignete Therapie dar, sondern auch für Straftäter, da sie so zum Nachdenken über ihr eigenes Handeln und ihre Fehler angeregt werden[1].

3.2.2 Ein Beispiel: Theatertherapie im Maßregelvollzug

StraftäterInnen mit Suchtproblemen, wie zum Beispiel Drogenabhängige, die zu einer Freiheitsstrafe und der Unterbringung in einer Entziehungsanstalt verurteilt worden sind, befinden sich meist im Maßregelvollzug (MRV)[2].

Die Umstände im MRV sind das komplette Gegenteil der Umstände, die es für eine erfolgreiche Therapie braucht. Eine erfolgreiche Therapie beinhaltet eine Verbesserung der Aspekte des eigenen Ichs, die angestrebt werden, nicht zwangsweise immer eine komplette Heilung.

Doch kann auch unter den gegebenen Umständen im MRV eine Therapie wirken?

Die Spielregeln im MRV lauten folgendermaßen:

Die StraftäterInnen sind zu einer Therapie verpflichtet worden und machen oft nicht freiwillig mit, sondern werden quasi dazu gezwungen.

Während der Zeit der Therapie müssen die PatientInnen ihr Verhalten ununterbrochen beobachten und, wenn nötig, korrigieren. Es finden viele Gespräche – in der Gruppe, aber auch einzeln – statt. Die PatientInnen stehen im Mittelpunkt.

Der betreuende Therapeut ist einer Offenbarungspflicht ausgesetzt. Das heißt, er ist dazu verpflichtet, die Staatsanwaltschaft über die Fortschritte der PatientenInnen in Kenntnis zu setzen, welche wiederum für gerichtliche Beschlüsse benötigt werden. Wichtige Voraussetzungen einer erfolgreichen Therapie, wie Vertraulichkeit, Freiwilligkeit und eigene Beweggründe, sind daher

---

[1] vgl. ebd. S. 171

[2] In dem folgenden Abschnitt beziehe ich mich auf Mahdal, 2008

nicht vorhanden. Die Therapie im MRV ist deshalb aus der Sicht der StraftäterInnen ein besonders unangenehmer Teil.

Durch Therapie, die „[…] auf der Erweiterung des Erlebens und Verhaltens des Patienten […]"[1] basiert, soll eine Verbesserung im Verhalten der Straftäter, besonders bezüglich ihrer kriminellen Anlagen, herbeigeführt werden.

Und an diesem Punkt wird auf die Theatertherapie zurückgegriffen: Den Straftätern sollen ihre Handlungen vor Augen geführt werden. Durch die Theatertherapie erfahren sie selbst, weshalb sie so und nicht anders gehandelt haben, was sie hätten anders machen können, wie sie sich dabei gefühlt haben und was für Folgen die Handlungen hatten oder immer noch haben.

Nebenbei liegt bei der Theatertherapie der Fokus auf dem Spiel, einem gemeinsamen Projekt, auch wenn das eigentliche Ziel letztendlich die Heilung ist. Dies gibt den PatientInnen das Gefühl, etwas gemeinsam zu erarbeiten, denn durch die Gemeinschaft wird dieser *Arbeitsprozess* als leichter und nicht allzu schwieriger Weg angesehen.

Der zugeteilte Theatertherapeut muss sich nun Gedanken über den Verlauf der Therapie machen. Er muss sich zuallererst die Frage stellen, welches Stück er mit den PatientInnen erproben möchte[2]. Da viele PatientInnen mit Suchtproblemen nur wenige ihrer selbst gesetzten Ziele auch wirklich erreicht haben, sollte das Stück nicht zu lang sein. Es würde sonst etwas sonderbar wirken, wenn die PatientInnen ein längeres Stück zu Ende bringen würden.

Ein strukturierter Rahmen mit vorgegebenen Grenzen stellt eine wichtige Bedingung für die Theatertherapie im MRV dar, wo den PatientInnen aber dennoch genug Freiraum gelassen wird, sich selbst auszuprobieren. Dies vermittelt den PatientInnen das Gefühl, dass sie nicht vom Anfang an die Therapie herangehen müssen, da festgelegte Grenzen bereits vorhanden sind und nicht erst noch abgesprochen werden müssen. Bei einem kurzen Stück besteht also eine höhere Wahrscheinlichkeit, dass die gesetzten Ergebnisse auch erzielt werden.

Aufgrund der verschiedenen Charaktere der PatientInnen müssen verschiedene Rollen gegeben sein.

---

[1] ebd. S. 172

[2] vgl. ebd. S. 178

Einerseits sind Gemeinsamkeiten der verteilten Rollen mit den PatientInnen sehr wichtig. Das Leben dieser Rollen sollte jedoch nur vereinzelt Gemeinsamkeiten mit dem der PatientInnen aufweisen, damit die PatientInnen sich von dem Stück noch distanzieren und es *von außen* bewerten können. Allerdings müssen auch Rollen gegeben sein, die überhaupt keine Ähnlichkeit mit ihnen haben. Dabei ist es für die PatientInnen eine besonders große Herausforderung, sich mit ihren Rollen zu identifizieren und sich in sie hineinzuversetzen.

Anschließend werden die Rollen verteilt und durch Improvisationsübungen näher beleuchtet, so können die PatientInnen sich selbst ausprobieren.

Im MRV wird die psychologische Rollengestaltung benutzt[1]: Jeder Patient lebt sich in seine Rolle ein, indem er sich eine Hintergrundgeschichte seiner Rolle überlegt, sich Gedanken darüber macht, was die Figur bei ihren Handlungen denkt und fühlt. Dabei versuchen sich die PatientInnen in der Darstellung verschiedenster Emotionen. Sie versetzen sich vollkommen in ihre Rolle.

Ist das Spiel erst einmal verstanden und eingeübt, so kann im Verlaufe der Theatertherapie als Abschluss eine Aufführung folgen, welche allerdings meistens nicht öffentlich, sondern nur stationsintern vorgeführt wird.

4. Schlusswort

Das Theater zeigte bereits früher therapeutische Ansätze, die im Prinzip nur noch ausgearbeitet werden mussten.

Zusammenfassend lässt sich sagen, dass die Theatertherapie ein breites Wirkungsfeld umfasst. Durch Ausprobieren des eigenen Könnens und der Darstellung verschiedener Situationen wird die Spontanität erprobt, welche in normalen Alltagssituationen hilfreich und sogar notwendig ist.

Persönlichkeitsstörungen können so verbessert oder sogar vollkommen gelöst werden. Ängste oder Blockaden müssen nicht mehr vermehrt auftreten und durch das Zusammenspiel der Gruppe wird das soziale Miteinander gebessert.

Aus diesen Punkten heraus wird deutlich, dass es sehr wohl sinnvoll ist, Theater weiter zu einer Therapieform zu entwickeln. Theater allein kann den Menschen zwar auch beeinflussen und sogar entwickeln, jedoch fehlt hier das Nachdenken über die während des Spielens wahrgenommenen Gefühle und Gedanken, die

---

[1] vgl. ebd. S. 180

nach einer einfachen Theaterprobe im Normalfall nicht immer reflektiert werden müssen.

Bei der Therapie ist es dagegen üblich, bei einer späteren Reflexion noch über diese Teilaspekte zu sprechen. Diese Reflexionen lassen die PatientInnen auch im Nachhinein noch weiter über ihre Handlungen oder Gefühle nachdenken.

Theatertherapie ist für jedermann eine Option. Für Menschen ohne Behinderung, für körperlich oder geistig Behinderte, für Menschen mit Problemen, Ängsten oder Traumata, selbst für Straftäter zeigt sie eine geeignete Option.

Das Beispiel über die Theatertherapie im MRV zeigt die Besonderheiten der Theatertherapie und ihre wertvolle Fähigkeit, auch unter schlechten Voraussetzungen einen erfolgreichen Heilungsprozess herbeizuführen. Theatertherapie sowie Dramatherapie sind daher zwei der am besten geeigneten Therapieformen für den MRV, da sie aufgrund der Beteiligung in der Gesellschaft das Verhalten der StraftäterInnen von Grund auf verbessert. Infolgedessen stellt sie eine besondere Art der Therapie dar, schließlich bietet nicht jede Form der Therapie die genannten Fähigkeiten der Theater- und Dramatherapie. Denn auf der Bühne werden Patienten und Patientinnen der Theatertherapie zu Schauspielern. Es besteht die Möglichkeit, Emotionen zu zeigen, die verbal nicht ausgedrückt werden können[1]. Die Verbindung mit dem eigenen Körper wird gepflegt, die eigene Persönlichkeit kann sich frei entfalten und so entwickeln.

Durch Theatertherapie lernen die PatientInnen im MRV auch, Krisen zu überwinden[2] und zum Ende der Therapie bekommen sie noch einmal durch den Applaus nach der Aufführung Selbstbestätigung, was ihnen zeigt, dass es sich doch lohnt, etwas zu riskieren und Schweres auszuhalten, um dann etwas fertig zu stellen.

Zur Bedeutung des Theaters und der Drama- und Theatertherapie in der Zukunft zitiere ich Gandalf Lipinski: „Wenn ich heute sage, dass das Theater um die kommende Jahrtausendwende [...] sogar eine unverzichtbare gesellschaftliche Funktion hat, dann meine ich damit nicht seinen Aufklärungsaspekt. Diese wichtige emanzipatorische Funktion hatte es im 18., 19., ja noch bis in die Mitte des 20. Jahrhunderts. Diese Funktion der kleinen Pädagogik, wie Brecht sie nannte, wird heute von schnelleren Medien besser bedient. Wenn das Theater

---

[1] vgl. Institut für Theatertherapie, *Was ist Theatertherapie*,
http://www.theatertherapie.org/201„Was_ist_Theatertherapie [Stand: 15.03.2012]

[2] vgl. Mahdal, 2008, S. 194

also auch in Zukunft eine wichtige Funktion haben wird, dann eher im Sinne der von Brecht so genannten großen Pädagogik, d.h. der Bewusstseinsbildung der direkt an seinem Prozess Beteiligten."[1]

Lipinski geht hier auf die verschiedenen Funktionen des Theaters auch in der Zukunft ein. Für ihn steht auf der einen Seite ganz klar fest, dass Theater seine Position als Aufklärer und Lehrer mehr und mehr an neue, aktuellere Medien verliert. Jedoch ist Lipinski nicht der Meinung, dass Theater heutzutage neben der Unterhaltungsfunktion keinen anderen Nutzen mehr hat. Als Ziel des Theaters sieht Lipinski die Bewusstseinsentwicklung und Bewusstseinsförderung der Menschen. Hier ist er sich also in einem Punkt ganz sicher, dem sich viele nicht einmal bewusst sind: Theater heilt.

---

[1] vgl. Lipinski, 2002, S. 26

5. Literaturverzeichnis

Literaturquellen

Grubitzsch, S. & Weber, K.: *Psychologische Grundbegriffe. Ein Handbuch.* Reinbek 1988.

Lipinski, Gandalf: *Das Theater als heilende Gemeinschaftskunst. Schauspielkunst, Theater und Gesellschaft.* In: Neumann, Lilli/ Müller-Weith, Doris/ Stoltenhoff-Erdmann, Bettina (Hrsg.): *Theater Therapie. Ein Handbuch.* Paderborn 2002.

Lutz, Ingrid: *Was wirkt? Was heilt? – Von Wirkfaktoren des originären Theaterhandwerks und Erkenntnissen moderner Gehirnforschung.* In: Neumann, Lilli/ Müller-Weith, Doris/ Stoltenhoff-Erdmann, Bettina (Hrsg.): *Spielend Leben Lernen.* 2008

Mahdal, Simone: *„Wir packen das schon". Inszenieren innerhalb der Therapie. Ein Theaterprojekt im Maßregelvollzug.* In: Neumann, Lilli/ Müller-Weith, Doris/ Stoltenhoff-Erdmann, Bettina (Hrsg.): *Spielend Leben Lernen.* 2008.

Martens, Gitta: *Der Weg zur Theatertherapie in Westdeutschland.* In: Müller-Weith, Doris/ Neumann, Lilli/ Stoltenhoff-Erdmann, Bettina (Hrsg.): *Theater Therapie. Ein Handbuch.* Paderborn 2002.

Menche, Nicole: *Pflege heute.* München 2002

Neumann, Lilli: *Spielend leben lernen. Biographisch zentrierte Theaterarbeit.* In: Neumann, Lilli/ Müller-Weith, Doris/ Stoltenhoff-Erdmann, Bettina (Hrsg.): *Spielend Leben Lernen.* 2008.

Schlage, Heinz: *Heilendes Theater - Restored Behavior-Posturale Integration.* In: Neumann, Lilli/ Müller-Weith, Doris/ Stoltenhoff-Erdmann, Bettina (Hrsg.): *Spielend Leben Lernen.* 2008.

Willems, Herbert: *Theatralisierung der Gesellschaft: Band 1: Soziologische Theorie und Zeitdiagnose.* Wiesbaden 2008.

Internetquellen

Akademie Remscheid, http://www.akademieremscheid.de/konzept/index.php [Stand: 05.03.2012]

Amacker, Michèle: Seminararbeit. *Lösungen erfinden.* Überlegungen zur Verbindung dramatherapeutischer Methoden mit der systemischlösungsorientierten Kurztherapie im Kontext Sozialer Arbeit. 2004, http://www.dramatherapie.ch/pdf/loesungen-0904ma.pdf [Stand: 15.03.2012]

Blaumeier Atelier: *Die Geburtsstätte der Kreativität,* http://www.blaumeier.de/wir-ueber-uns/hintergrund/idee/ein-hexenkessel-der-kreativitaet.html [Stand: 05.03.2012]

Deutsche Gesellschaft für Theatertherapie, http://www.dgft.de/index [Stand: 05.03.2012]

Institut für Theatertherapie, *Was ist Theatertherapie,* http://www.theatertherapie.org/201,,Was_ist_Theatertherapie [Stand: 15.03.12]

Lebensberatung, Psychotests und Ratgeber erfahrener Psychotherapeuten: *Psychotherapie,* http://www.palverlag.de/Psychotherapie.html [Stand: 04.03.2012]

Praxis Rieger-Stemmer, *Allgemeines zur Orientierung.* http://www.praxis-rieger-stemmer.de/psychiater.php [Stand: 15.03.2012]

BEI GRIN MACHT SICH IHR
WISSEN BEZAHLT

- Wir veröffentlichen Ihre Hausarbeit,
  Bachelor- und Masterarbeit

- Ihr eigenes eBook und Buch -
  weltweit in allen wichtigen Shops

- Verdienen Sie an jedem Verkauf

Jetzt bei www.GRIN.com hochladen
und kostenlos publizieren